READING
BIBLICAL
GREEK
WORKBOOK

READING BIBLICAL GREEK WORKBOOK

A Reading and Translation Guide to Mark 1–4

RICHARD J. GIBSON

— AND —

CONSTANTINE R. CAMPBELL

ZONDERVAN

Reading Biblical Greek Workbook
Copyright © 2017 by Richard J. Gibson and Constantine R. Campbell

This title is also available as a Zondervan ebook.

Requests for information should be addressed to:

Zondervan, 3900 *Sparks Dr. SE, Grand Rapids, Michigan 49546*

ISBN 978-0-310-52803-6

Any Internet addresses (websites, blogs, etc.) and telephone numbers in this book are offered as a resource. They are not intended in any way to be or imply an endorsement by Zondervan, nor does Zondervan vouch for the content of these sites and numbers for the life of this book.

Art direction: Tammy Johnson
Interior design: Matthew Van Zomeren

Printed in the United States of America

HB 07.29.2020

Contents

ABBREVIATIONS

Acc	Accusative
Act	Active
Adj.	Adjective
Adv.	Adverb
Aor	Aorist
Conj	Conjunction
Dat	Dative
Dec	Declension
Dem	Demonstrative
Fem	Feminine
Fut	Future
Gen	Genitive
Impf	Imperfect
Impv	Imperative
Ind	Indicative
Indecl	Indeclinable
Inf	Infinitive
Intrans	Intransitive
lit.	literally
Masc	Masculine
Mid	Middle
NB	*nota bene*, note carefully
Neut	Neuter
Nom	Nominative
Noun	Noun
Part	Participle
Pass	Passive
Perf	Perfect
Pers	Person
Pl	Plural
Plpf	Pluperfect
Pres	Present
Rel	Relative
Sg	Singular
Subj	Subjunctive
Trans	Transitive

INTRODUCTION TO READING MARK 1–4

This book is the companion volume to *Reading Biblical Greek*. It is designed for coordinated use with that grammar.

The *Reading Biblical Greek Workbook* will enable the student to read and translate the whole of Mark 1–4 by the end of their first-year Greek course. Our approach is to read through a substantial block of the Greek New Testament rather than to read a variety of Greek texts in a piecemeal fashion. This will enhance student satisfaction and will enable students to encounter real Greek usage "in the wild," as it were.

USING WITH *READING BIBLICAL GREEK*

This book is a vital companion for the grammar *Reading Biblical Greek*. It breaks up the text of Mark 1–4 into small, manageable chunks and provides vocabulary and grammatical assistance as required.

The "New Vocabulary and Forms" section provides information to help students read and translate the Greek text. **This information is coordinated with *Reading Biblical Greek*, so that students are given assistance only for what they are not yet expected to know at each stage of learning.**

As the student progresses in his or her grammatical and vocabulary learning, fewer helps will be provided.

MARKING UP THE TEXT

Students are instructed to mark up the Scripture text to help them recognize parts of speech and clause structures. This will greatly help them understand how Greek conveys meaning.

CLASS SCHEDULING

In class settings, it is recommended that *Reading Biblical Greek Workbook* be used in groups of three or four students each for at least one hour per week. The instructor should "hover over" the small groups to answer questions and help to solve problems.

It is also recommended that students complete at least one chunk on their own at home each week. Thus, the program might look like this: Mark 1:1–3 (class); 1:4–5 (home); 1:6–8 (class); 1:9–11 (home), etc. This pattern should begin after Lesson 42 in *Reading Biblical Greek* (a sample course schedule is available at www.zondervanacademic.com).

Marking the Greek Text

You are encouraged to adopt the following examples of conventions for marking Greek forms. The order of the steps outlined below reflects the nature of the Greek language and its translation. These instructions are also found in Lesson 42 of *Reading Biblical Greek*.

1. **DOUBLE UNDERLINE** finite verbs (Indicative, Imperative, Subjunctive);

2. **SINGLE UNDERLINE** other verbal forms (Infinitive, Participle);

3. **BRACKET** prepositional phrases;

4. **MARK:**
   ⇒   SUBJECT of the verb—i.e., nominative case (if there is one);
   ⇐   OBJECT of the verb—i.e., accusative case (ignore prepositional phrases);
   of   GENITIVE case (ignore prepositions);
   2/4   INDIRECT OBJECT of the verb—i.e., dative case (ignore prepositions);

5. **PLACE VERTICAL LINE** in front of καί and other conjunctions to help identify limits of clauses. Ensure there is one verb per clause;

6. **BRACKET** other clauses and phrases:
   Relative pronouns;
   ἵνα, ὅτι;

7. **SQUARE BRACKET** direct speech.

Example:

$$\Rightarrow \quad of$$

7 Καὶ ἐκήρυσσεν λέγων· |[ἔρχεται ὁ ἰσχυρότερός μου (ὀπίσω

$$of \qquad \Rightarrow \qquad\qquad \Leftarrow$$

μου), |(οὗ οὐκ εἰμὶ ἱκανὸς) κύψας λῦσαι τὸν ἱμάντα τῶν

$$of \qquad of$$

ὑποδημάτων αὐτοῦ].

TRANSLATING THE TEXT

Follow the steps outlined below when translating the Greek text in this book. Our aim for this first year of Greek learning will be to provide literal translations of Greek phrases and sentences. The goal is to become competent at identifying the original Greek forms. While it may be necessary to change the word order to make sense in English, don't be concerned if your translations are not idiomatic or sound a little wooden. In later study you should strive for a smoother, more idiomatic approach.

See Lesson 42 in *Reading Biblical Greek* for further discussion of Greek into English translation.

1. **ISOLATE** the first clause;

2. **TRANSLATE** the main verb, taking account of tense, voice, mood, person, and number;

3. **PLACE** the SUBJECT (external or internal) in front of verb;

4. **PLACE** the OBJECT behind verb;

5. **TRANSLATE** the indirect object as "**TO** …" or "**FOR** …";

6. **TRANSLATE** any genitives as "**OF** …";

7. **KEEP** words within a prepositional, participial phrase, etc., **TOGETHER; DECIDE** whether adjectival or adverbial—ensure English reflects this (some phrases may precede subject);

8. **COMPARE** with English version and note differences. Why the differences?

TRANSLATION
EXERCISES

ΚΑΤΑ ΜΑΡΚΟΝ

Ἀρχὴ τοῦ εὐαγγελίου Ἰησοῦ Χριστοῦ [υἱοῦ θεοῦ]. ² Καθὼς γέγραπται ἐν τῷ Ἡσαΐᾳ τῷ προφήτῃ, Ἰδοὺ ἀποστέλλω τὸν ἄγγελόν μου πρὸ προσώπου σου, ὃς κατασκευάσει τὴν ὁδόν σου· ³ φωνὴ βοῶντος ἐν τῇ ἐρήμῳ, Ἑτοιμάσατε τὴν ὁδὸν κυρίου, εὐθείας ποιεῖτε τὰς τρίβους αὐτοῦ

New Vocabulary and Forms

2	Καθὼς	Adv. *as, just as*
	γέγραπται	Perf Pass Ind 3rd Sg γράφω, *it is written*
	Ἰδοὺ	Dem Particle; prompter of attention, *behold, look, see*
	μου	1st Pers Pronoun, Gen Sg, *my*
	ὃς	Nom Sg Masc Relative Pronoun ὅς, ἥ, ὅ, *who*
	κατασκευάσει	κατασκευάζω, *I make ready, prepare*
	σου	2nd Pers Pronoun, Gen Sg, *your*
3	βοῶντος	Pres Act Part Gen Masc Sg βοάω, *I call, shout, cry out; of one crying out*
	Ἑτοιμάσατε	Aor Act Impv 2nd Pl ἑτοιμάζω, *prepare!*
	εὐθείας	Adj. εὐθύς, εῖα, ύ Gen έως, *straight*
	ποιεῖτε	Pres Act Impv 2nd Pl *make!*
	τρίβους	τρίβος, ου, ἡ, a defined track or path; *track*

Write Out Your Translation Below.

⁴ ἐγένετο Ἰωάννης βαπτίζων ἐν τῇ ἐρήμῳ καὶ κηρύσσων βάπτισμα μετανοίας εἰς ἄφεσιν

ἁμαρτιῶν. ⁵ καὶ ἐξεπορεύετο πρὸς αὐτὸν πᾶσα ἡ Ἰουδαία χώρα καὶ οἱ Ἱεροσολυμῖται πάντες,

καὶ ἐβαπτίζοντο ὑπ᾿ αὐτοῦ ἐν τῷ Ἰορδάνῃ ποταμῷ ἐξομολογούμενοι τὰς ἁμαρτίας αὐτῶν.

NEW VOCABULARY AND FORMS

4	ἐγένετο	2nd Aor Mid/Pass Ind 3rd Sg γίνομαι, *I come, become, am, am created*
	βαπτίζων	Pres Act Part Nom Sg Masc βαπτίζω, *I baptize*; i.e., *baptizing*
	κηρύσσων	Pres Act Part Nom Sg Masc κηρύσσω, *I proclaim*; i.e., *proclaiming*
	βάπτισμα	Acc Sg Neut 3rd Dec Noun βάπτισμα, ατος, τό, *baptism*
	ἄφεσιν	Acc Sg Fem 3rd Dec Noun ἄφεσις, έσεως, ἡ, *forgiveness*
5	καὶ	Conjunction *and*
	ἐξεπορεύετο	Impf Mid/Pass Ind 3rd Sg ἐκπορεύομαι, *I go out, proceed*
	πᾶσα	Nom Sg Fem 3rd & 1st Dec Adj. πᾶς, πᾶσα, πᾶν Gen παντός, πάσης, παντός, *all, every*
	χώρα	χώρα, ας, ἡ, *country, region, territory; inhabitants of…*
	Ἱεροσολυμῖται	Ἱεροσολυμίτης, ου, ὁ, *Jerusalemite*
	πάντες	Nom Plur Masc; see above πᾶς
	ἐβαπτίζοντο	Impf Mid/Pass Ind 3rd Pl βαπτίζω, see above βαπτίζων
	ἐξομολογούμενοι	Pres Mid/Pass Part Nom Pl Masc ἐξομολογέω, *I confess, admit* (in Mid)

Write Out Your Translation Below.

⁶ καὶ ἦν ὁ Ἰωάννης ἐνδεδυμένος τρίχας καμήλου καὶ ζώνην δερματίνην περὶ τὴν ὀσφὺν αὐτοῦ, καὶ ἐσθίων ἀκρίδας καὶ μέλι ἄγριον. ⁷ καὶ ἐκήρυσσεν λέγων, Ἔρχεται ὁ ἰσχυρότερός μου ὀπίσω μου, οὗ οὐκ εἰμὶ ἱκανὸς κύψας λῦσαι τὸν ἱμάντα τῶν ὑποδημάτων αὐτοῦ· ⁸ ἐγὼ ἐβάπτισα ὑμᾶς ὕδατι, αὐτὸς δὲ βαπτίσει ὑμᾶς ἐν πνεύματι ἁγίῳ.

New Vocabulary and Forms

6	ἐνδεδυμένος	Perf Mid/Pass Part Nom Sg Masc ἐνδύω, *dress, clothe*, Mid *put on, wear*; i.e., *wearing*
	τρίχας	Acc Pl Fem θρίξ, τριχός, ἡ, *hair*
	καμήλου	κάμηλος, ου, ὁ and ἡ, *camel*
	ζώνην	ζώνη, ης, ἡ, *belt*
	δερματίνην	δερμάτινος, η, ον, *leather*
	ὀσφύν	Acc Sg Fem 3rd Dec Noun ὀσφῦς, ύος, ἡ, *waist, reproductive organs*
	ἀκρίδας	Acc Pl Fem 3rd Dec Noun ἀκρίς, ίδος, ἡ, *locust, grasshopper*
	μέλι	Acc Sg Neut 3rd Dec Noun μέλι, ιτος, τό, *honey*
	ἄγριον	ἄγριος, α, ον, *wild*
7	Ἔρχεται	Pres Mid/Pass Ind 3rd Sg ἔρχομαι, *I come, go*
	ἰσχυρότερος	ἰσχυρότερος, α, ον, comparative of ἰσχυρός, ά, όν, *more strong, stronger*, followed by the genitive of comparison, i.e., *than*
	οὗ	Gen Sg Masc Relative Pronoun ὅς, ἥ, ὅ, *who, which, that*, i.e., *of whom, whose*
	κύψας	Aor Act Part Nom Sg Masc κύπτω, *bend* or *stoop down*
	λῦσαι	Aor Act Inf, λύω, *to loose*
	ἱμάντα	Acc Sg Masc 3rd Dec Noun ἱμάς, άντος, ὁ, *strap*
	ὑποδημάτων	Gen Pl Neut 3rd Dec Noun ὑπόδημα, ατος, τό, *sandal, shoe*
8	ὕδατι	Dat Sg Neut 3rd Dec Noun ὕδωρ, ατος, τό, *water*
	δέ	never comes first in a clause in Greek, but should be translated as though it was (postpositive particle)
	πνεύματι	Dat Sg Neut 3rd Dec Noun πνεῦμα, ατος, τό, *spirit, wind, breath*

Write Out Your Translation Below.

⁹ Καὶ ἐγένετο ἐν ἐκείναις ταῖς ἡμέραις ἦλθεν Ἰησοῦς ἀπὸ Ναζαρὲτ τῆς Γαλιλαίας καὶ ἐβαπτίσθη εἰς τὸν Ἰορδάνην ὑπὸ Ἰωάννου. ¹⁰ καὶ εὐθὺς ἀναβαίνων ἐκ τοῦ ὕδατος εἶδεν σχιζομένους τοὺς οὐρανοὺς καὶ τὸ πνεῦμα ὡς περιστερὰν καταβαῖνον εἰς αὐτόν· ¹¹ καὶ φωνὴ ἐγένετο ἐκ τῶν οὐρανῶν, Σὺ εἶ ὁ υἱός μου ὁ ἀγαπητός, ἐν σοὶ εὐδόκησα.

New Vocabulary and Forms

9	ἐγένετο	2nd Aor Mid/Pass Ind 3rd Sg γίνομαι, *I come, become, am, am created*
	ἐκείναις	Dem Pronoun, ἐκεῖνος, η, ο, *that, that person, that thing*
	ἦλθεν	2nd Aor Act Ind 3rd Sg ἔρχομαι, *I come, go*
	ἐβαπτίσθη	Aor Pass Ind 3rd Sg βαπτίζω
10	ἀναβαίνων	Pres Act Part ἀναβαίνω, *go up, come up, ascend*
	ὕδατος	Gen Sg Neut ὕδωρ, ατος, τό, *water*
	εἶδεν	2nd Aor Act Ind 3rd Sg ὁράω, *I see*; i.e., *he saw*
	σχιζομένους	Pres Mid/Pass Part Acc Pl Masc σχίζω, *split, tear, separate*
	πνεῦμα	Acc Sg Neut πνεῦμα, ατος, τό, *spirit*
	περιστερὰν	περιστερά, ᾶς, ἡ, *dove, pigeon*
	καταβαῖνον	Pres Act Part Acc Sg Neut καταβαίνω, *go down, descend*
11	εὐδόκησα	Aor Act Ind 1st Sg εὐδοκέω, *I consent, I am well pleased, I take delight*

Write Out Your Translation Below.

¹² Καὶ εὐθὺς τὸ πνεῦμα αὐτὸν ἐκβάλλει εἰς τὴν ἔρημον. ¹³ καὶ ἦν ἐν τῇ ἐρήμῳ τεσσαράκοντα ἡμέρας πειραζόμενος ὑπὸ τοῦ Σατανᾶ, καὶ ἦν μετὰ τῶν θηρίων, καὶ οἱ ἄγγελοι διηκόνουν αὐτῷ. ¹⁴ Μετὰ δὲ τὸ παραδοθῆναι τὸν Ἰωάννην ἦλθεν ὁ Ἰησοῦς εἰς τὴν Γαλιλαίαν κηρύσσων τὸ εὐαγγέλιον τοῦ θεοῦ ¹⁵ καὶ λέγων ὅτι Πεπλήρωται ὁ καιρὸς καὶ ἤγγικεν ἡ βασιλεία τοῦ θεοῦ· μετανοεῖτε καὶ πιστεύετε ἐν τῷ εὐαγγελίῳ.

New Vocabulary and Forms

12	εὐθύς	Adv. *immediately, at once, then*
	πνεῦμα	Nom/Acc Sg Neut πνεῦμα, ατος, τό, *spirit*
13	τεσσεράκοντα	(Indecl Noun) *forty*
	πειραζόμενος	Pres Mid/Pass Part Nom Sg Masc πειράζω
14	τὸ παραδοθῆναι	Acc Articular Inf παραδίδωμι; translate as *John was arrested* (τὸν Ἰωάννην is an Acc of respect; used with the Inf)
	ἦλθεν	2nd Aor Act Ind 3rd Sg ἔρχομαι, *I come, go*
15	Πεπλήρωται	Perf Mid/Pass Ind 3rd Sg πληρόω, *I fulfil, bring about*
	ἤγγικεν	Perf Act Ind 3rd Sg ἐγγίζω, *I draw near*
	μετανοεῖτε	μετανοέω, *I repent*

Write Out Your Translation Below.

¹⁶ Καὶ παράγων παρὰ τὴν θάλασσαν τῆς Γαλιλαίας εἶδεν Σίμωνα καὶ Ἀνδρέαν τὸν ἀδελφὸν

Σίμωνος ἀμφιβάλλοντας ἐν τῇ θαλάσσῃ· ἦσαν γὰρ ἁλιεῖς. ¹⁷ καὶ εἶπεν αὐτοῖς ὁ Ἰησοῦς, Δεῦτε

ὀπίσω μου, καὶ ποιήσω ὑμᾶς γενέσθαι ἁλιεῖς ἀνθρώπων. ¹⁸ καὶ εὐθὺς ἀφέντες τὰ δίκτυα

ἠκολούθησαν αὐτῷ.

NEW VOCABULARY AND FORMS

16	παράγων	παράγω, *I pass by*
	εἶδεν	2nd Aor Act 3rd Sg ὁράω, *I see*
	Σίμωνα	Acc Sg Masc Σίμων, ωνος, ὁ (3rd Dec)
	Σίμωνος	Gen Sg Masc Σίμων, ωνος, ὁ (3rd Dec)
	ἀμφιβάλλοντας	ἀμφιβάλλω, *I cast a net*
	ἁλιεῖς	Nom/Acc Pl Masc ἁλιεύς, έως, ὁ, *fisherman*
17	εἶπεν	2nd Aor Act 3rd Sg λέγω
	Δεῦτε	Adv. of command, *Come!*
	ποιήσω	Fut Act Ind 1st Sg ποιέω
	γενέσθαι	2nd Aor Mid/Pass Inf γίνομαι, *become, come, to become* (Mid lexical form, translate as Act)
	ἁλιεῖς	Nom/Acc Pl Masc ἁλιεύς, έως, ὁ, *fisherman*
18	εὐθύς	Adv. *immediately, at once, then*
	ἀφέντες	Aor Act Part Nom Pl Masc ἀφίημι, *I cancel, forgive, leave, forsake*
	δίκτυα	δίκτυον, ου, τό, *net*
	αὐτῷ	NB, ἀκολουθέω takes a Dat Direct Object

Write Out Your Translation Below.

¹⁹ Καὶ προβὰς ὀλίγον εἶδεν Ἰάκωβον τὸν τοῦ Ζεβεδαίου καὶ Ἰωάννην τὸν ἀδελφὸν αὐτοῦ, καὶ

αὐτοὺς ἐν τῷ πλοίῳ καταρτίζοντας τὰ δίκτυα, ²⁰ καὶ εὐθὺς ἐκάλεσεν αὐτούς. καὶ ἀφέντες τὸν

πατέρα αὐτῶν Ζεβεδαῖον ἐν τῷ πλοίῳ μετὰ τῶν μισθωτῶν ἀπῆλθον ὀπίσω αὐτοῦ.

New Vocabulary and Forms

19	προβάς	1st Aor Act Part Nom Sg Masc προβαίνω, *I go on*
	ὀλίγον	Adv. *a little, only a little*
	εἶδεν	2nd Aor Act Ind 3rd Sg ὁράω, *I see*
	τὸν τοῦ	Greek idiom for *the son of*
	καταρτίζοντας	καταρτίζω, *I mend, restore, set right*
	δίκτυα	δίκτυον, ου, τό, *net, fishing net*
20	εὐθύς	Adv. *immediately, at once, then*
	ἀφέντες	Aor Act Part Nom Pl Masc ἀφίημι, *I cancel, forgive, leave, forsake*
	πατέρα	Acc Sg Masc πατήρ, πατρός, ὁ, *father*
	μισθωτῶν	μισθωτός, οῦ, ὁ, *hired man, laborer*
	ἀπῆλθον	2nd Aor Act Ind 3rd Pl ἀπέρχομαι, *I come, go away*

Write Out Your Translation Below.

²¹ Καὶ εἰσπορεύονται εἰς Καφαρναούμ. καὶ εὐθὺς τοῖς σάββασιν [εἰσελθὼν] εἰς τὴν συναγωγὴν ἐδίδασκεν. ²² καὶ ἐξεπλήσσοντο ἐπὶ τῇ διδαχῇ αὐτοῦ, ἦν γὰρ διδάσκων αὐτοὺς ὡς ἐξουσίαν ἔχων καὶ οὐχ ὡς οἱ γραμματεῖς. ²³ καὶ εὐθὺς ἦν ἐν τῇ συναγωγῇ αὐτῶν ἄνθρωπος ἐν πνεύματι ἀκαθάρτῳ, καὶ ἀνέκραξεν ²⁴ λέγων, Τί ἡμῖν καὶ σοί, Ἰησοῦ Ναζαρηνέ; ἦλθες ἀπολέσαι ἡμᾶς; οἶδά σε τίς εἶ, ὁ ἅγιος τοῦ θεοῦ.

New Vocabulary and Forms

21	Καφαρναούμ	Indecl Noun, *Capernaum*
	εὐθύς	Adv. *immediately, at once, then*
	σάββασιν	Dat Plur Neut σάββατον, ου, τό (3rd Dec. ending, only in Dat Pl), *Sabbath*
	εἰσελθών	2nd Aor Act Part (same endings as Pres Part) εἰσέρχομαι, *go in, enter*
22	ἐξεπλήσσοντο	ἐκπλήσσω, *I amaze*
	γραμματεῖς	Nom Pl Masc γραμματεύς, έως, ὁ, *scribe, expert in Jewish law*
23	πνεύματι	Dat Sg Neut πνεῦμα, ατος, τό, *spirit*
	ἀνέκραξεν	ἀνακράζω, *I cry out*
24	Τί	τίς, τί Gen τίνος; NB the accent—interrogative pronoun; τί ἡμῖν καὶ σοί . . . , *"What have you to do with us . . . ?"*
	Ναζαρηνέ	*the Nazarene*; i.e., inhabitant of Nazareth
	Ἰησοῦ Ναζαρηνέ	Vocative case for personal address
	ἦλθες	2nd Aor Act Ind 2nd Sg ἔρχομαι, *I come, go*
	ἀπολέσαι	Aor Act Inf ἀπόλλυμι, *destroy, kill, lose; to kill*
	οἶδά	Perf (Pres meaning) Act Ind 1st Sg οἶδα, *I know, perceive, understand*
	τίς	τίς, τί Gen τίνος; Nom Sg Masc, *who*

Write Out Your Translation Below.

²⁵ καὶ ἐπετίμησεν αὐτῷ ὁ Ἰησοῦς λέγων, Φιμώθητι καὶ ἔξελθε ἐξ αὐτοῦ. ²⁶ καὶ σπαράξαν αὐτὸν

τὸ πνεῦμα τὸ ἀκάθαρτον καὶ φωνῆσαν φωνῇ μεγάλῃ ἐξῆλθεν ἐξ αὐτοῦ. ²⁷ καὶ ἐθαμβήθησαν

ἅπαντες, ὥστε συζητεῖν πρὸς ἑαυτοὺς λέγοντας, Τί ἐστιν τοῦτο; διδαχὴ καινὴ κατ' ἐξουσίαν·

καὶ τοῖς πνεύμασι τοῖς ἀκαθάρτοις ἐπιτάσσει, καὶ ὑπακούουσιν αὐτῷ. ²⁸ καὶ ἐξῆλθεν ἡ ἀκοὴ

αὐτοῦ εὐθὺς πανταχοῦ εἰς ὅλην τὴν περίχωρον τῆς Γαλιλαίας.

New Vocabulary and Forms

25	ἐπετίμησεν	Aor Act Ind 3rd Sg ἐπιτιμάω, *I command, order, rebuke*
	Φιμώθητι	1st Aor Pass Impv 2nd Sg φιμόω, *I silence, put to silence*
	ἔξελθε	2nd Aor Act Impv 2nd Sg ἐξέρχομαι, *I come/go out, exit*
26	σπαράξαν	Aor Act Part Nom/Acc Sg Neut σπαράσσω (cf. κηρύσσω), *I throw into convulsions*
	πνεῦμα	Nom Sg Neut πνεῦμα, ατος, τό, *spirit, breath*
	μεγάλῃ	μέγας, μεγάλη, μέγα, *large, great*
27	ἐθαμβήθησαν	Aor Pass Ind 3rd Pl θαμβέω, *I astound, amaze*
	ἅπαντες	Nom Pl Masc ἅπας, ασα, αν, *all* (an alternative, intensive form of πᾶς)
	ὥστε	Conj *so that, with the result that*
	συζητεῖν	Pres Act Inf συζητέω, *I argue, discuss, question*
	ὥστε συζητεῖν	*so that they discussed*
	Τί	*What?*
	τοῦτο	Dem Pronoun, οὗτος, αὕτη, τοῦτο, *this, this one*
	πνεύμασι	Dat Plur Neut πνεῦμα, ατος, τό
	ἐπιτάσσει	ἐπιτάσσω, *I command, order*
	ὑπακούουσιν	ὑπακούω, *I obey*
28	ἀκοὴ	ἀκοή, ῆς, ἡ, *report, news, preaching*
	εὐθύς	Adv. *immediately, at once, then*
	πανταχοῦ	Adv. *everywhere*
	περίχωρον	περίχωρος, ον, *neighboring*

Write Out Your Translation Below.

²⁹ Καὶ εὐθὺς ἐκ τῆς συναγωγῆς ἐξελθόντες ἦλθον εἰς τὴν οἰκίαν Σίμωνος καὶ Ἀνδρέου μετὰ Ἰακώβου καὶ Ἰωάννου. ³⁰ ἡ δὲ πενθερὰ Σίμωνος κατέκειτο πυρέσσουσα, καὶ εὐθὺς λέγουσιν αὐτῷ περὶ αὐτῆς. ³¹ καὶ προσελθὼν ἤγειρεν αὐτὴν κρατήσας τῆς χειρός· καὶ ἀφῆκεν αὐτὴν ὁ πυρετός, καὶ διηκόνει αὐτοῖς.

New Vocabulary and Forms

29	εὐθύς	Adv. *immediately, at once, then*
	ἐξελθόντες	2nd Aor Act Part Nom Pl Masc ἐξέρχομαι, *I come/go out, exit*
	ἦλθον	2nd Aor Act Ind 1st Sg/3rd Pl ἔρχομαι, *I come, go*
30	πενθερά	πενθερά, ᾶς, ἡ, *mother-in-law*
	Σίμωνος	Gen Sg Masc Σίμων, ωνος, ὁ (3rd Dec)
	κατέκειτο	Impf Mid/Pass Ind 3rd Sg κατάκειμαι, *lie, sit, be sick*
	πυρέσσουσα	Pres Act Part Nom Sg Fem πυρέσσω, *be sick with, burn with fever*
31	προσελθὼν	2nd Aor Act Part Nom Sg Masc προσέρχομαι, *I come/go toward, approach*
	χειρός	3rd Dec Noun, Gen Sg Fem χείρ, χειρός, ἡ, *hand, power, finger*
	ἀφῆκεν	Aor Act Ind 3rd Sg ἀφίημι, *cancel, forgive, remit, leave, forsake*
	πυρετός	πυρετός, ου, ὁ, *fever*

Write Out Your Translation Below.

³² Ὀψίας δὲ γενομένης, ὅτε ἔδυ ὁ ἥλιος, ἔφερον πρὸς αὐτὸν πάντας τοὺς κακῶς ἔχοντας

καὶ τοὺς δαιμονιζομένους· ³³ καὶ ἦν ὅλη ἡ πόλις ἐπισυνηγμένη πρὸς τὴν θύραν. ³⁴ καὶ

ἐθεράπευσεν πολλοὺς κακῶς ἔχοντας ποικίλαις νόσοις, καὶ δαιμόνια πολλὰ ἐξέβαλεν, καὶ

οὐκ ἤφιεν λαλεῖν τὰ δαιμόνια, ὅτι ᾔδεισαν αὐτόν.

NEW VOCABULARY AND FORMS

32	Ὀψίας	ὀψία, ας, ἡ, *evening*
	γενομένης	2nd Aor Mid Part Gen Sg Fem γίνομαι, *I am, become*
	ἔδυ	Aor Act Ind 3rd Sg δύνω, *set*
	πάντας	Acc Pl Masc πᾶς, πᾶσα, πᾶν Gen παντός, *all, every*
	κακῶς	Adv. of κακός, ή, όν, *badly*; τοὺς κακῶς ἔχοντας, lit. "the having badly ones," i.e., *those being sick, those having illnesses*
	δαιμονιζομένους	Pres Mid/Pass Part Acc Pl Masc δαιμονίζομαι, *be possessed by a hostile spirit*
33	πόλις	Nom Sg Fem πόλις, εως, ἡ, *city*
	ἐπισυνηγμένη	Perf Mid/Pass Part Nom Sg Fem ἐπισυνάγω, *I gather, gather together*
34	πολλούς	Acc Pl Masc πολύς, πολλή, πολύ, Gen πολλοῦ, *much, many, plentiful*
	κακῶς	See v. 32
	ποικίλαις	ποικίλος, η, ον, *various kinds of, all kinds of*
	νόσοις	νόσος, ου, ἡ, *disease, illness*
	πολλά	Acc Pl Neut πολύς, πολλή, πολύ, Gen πολλοῦ, *much, many, plentiful*
	ἤφιεν	Impf Act Ind 3rd Sg ἀφίημι, *I forgive, remit, allow, tolerate*
	λαλεῖν	Pres Act Inf *to speak, say*
	ᾔδεισαν	Plpf (Aor meaning) Act Ind 3rd Pl οἶδα, *I know*

Write Out Your Translation Below.

³⁵ Καὶ πρωῒ ἔννυχα λίαν ἀναστὰς ἐξῆλθεν καὶ ἀπῆλθεν εἰς ἔρημον τόπον κἀκεῖ προσηύχετο.

³⁶ καὶ κατεδίωξεν αὐτὸν Σίμων καὶ οἱ μετ᾽ αὐτοῦ, ³⁷ καὶ εὗρον αὐτὸν καὶ λέγουσιν αὐτῷ ὅτι

Πάντες ζητοῦσίν σε.

New Vocabulary and Forms

35	πρωῒ	Adv. *early morning, in the morning*
	ἔννυχα	Adv. *in the night, long before daylight*
	λίαν	Adv. *exceedingly, greatly, very much*
	ἀναστάς	Aor Act Part Nom Sg Masc ἀνίστημι, *raise, rise up*
	ἐξῆλθεν	2nd Aor Act Ind 3rd Sg ἐξέρχομαι
	ἀπῆλθεν	2nd Aor Act Ind 3rd Sg ἀπέρχομαι
	κἀκεῖ	καί + ἐκεῖ, Adv. *there*, an example of crasis
	προσηύχετο	Impf Mid Ind 3rd Sg προσεύχομαι, *I pray* (Mid lexical form, translate as Act)
36	κατεδίωξεν	καταδιώκω, *I search for diligently*
37	εὗρον	2nd Aor Act Ind 3rd Pl εὑρίσκω
	Πάντες	Nom Pl Masc πᾶς, πᾶσα, πᾶν Gen παντός, *all, every*

Write Out Your Translation Below.

³⁸ καὶ λέγει αὐτοῖς, Ἄγωμεν ἀλλαχοῦ εἰς τὰς ἐχομένας κωμοπόλεις, ἵνα καὶ ἐκεῖ κηρύξω· εἰς

τοῦτο γὰρ ἐξῆλθον. ³⁹ καὶ ἦλθεν κηρύσσων εἰς τὰς συναγωγὰς αὐτῶν εἰς ὅλην τὴν Γαλιλαίαν

καὶ τὰ δαιμόνια ἐκβάλλων.

New Vocabulary and Forms

38	Ἄγωμεν	Pres Act Subj 1st Pl ἄγω, *Let us go!*
	ἀλλαχοῦ	Adv. *elsewhere*
	ἐχομένας	Pres Mid/Pass Part Acc Pl Fem ἔχω, *neighboring*
	κωμοπόλεις	Acc Pl Fem κωμόπολις, εως, ἡ, *market town, locality, region*
	ἵνα	Conj to denote purpose, aim, or goal, *in order that, that*
	ἐκεῖ	Adv. *there*
	κηρύξω	Aor Act Subj 1st Sg κηρύσσω, *I preach*
	ἵνα . . . κηρύξω	*in order that I preach*
	τοῦτο	Dem Pronoun, οὗτος, αὕτη, τοῦτο, *this, this one*
	ἐξῆλθον	2nd Aor Act Ind 1st Sg/ 3rd Pl ἐξέρχομαι

Write Out Your Translation Below.

⁴⁰ Καὶ ἔρχεται πρὸς αὐτὸν λεπρὸς παρακαλῶν αὐτὸν [καὶ γονυπετῶν] καὶ λέγων αὐτῷ ὅτι

Ἐὰν θέλῃς δύνασαί με καθαρίσαι. ⁴¹ καὶ σπλαγχνισθεὶς ἐκτείνας τὴν χεῖρα αὐτοῦ ἥψατο καὶ

λέγει αὐτῷ, Θέλω, καθαρίσθητι· ⁴² καὶ εὐθὺς ἀπῆλθεν ἀπ᾽ αὐτοῦ ἡ λέπρα, καὶ ἐκαθαρίσθη. 43

καὶ ἐμβριμησάμενος αὐτῷ εὐθὺς ἐξέβαλεν αὐτόν

New Vocabulary and Forms

40	λεπρός	λεπρός, ά, όν, person with a bad skin disease
	γονυπετῶν	γονυπετέω, *I kneel*
	Ἐὰν θέλῃς	ἐάν + Subj; Pres Act Subj 2nd Sg θέλω, *If you wish*
	δύνασαι	Pres Mid/Pass Ind 2nd Sg δύναμαι, *I am able*
	καθαρίσαι	Aor Act Inf καθαρίζω, *to cleanse*
41	σπλαγχνισθεὶς	Aor Pass Part Nom Sg Masc σπλαγχνίζομαι
	ἐκτείνας	Aor Act Part Nom Sg Masc ἐκτείνω, *I stretch out, extend*
	χεῖρα	Acc Sg Fem χείρ, χειρός, ἡ, *hand*
42	εὐθύς	Adv. *immediately, at once, then*
	λέπρα	λέπρα, ας, ἡ, *skin disease, leprosy*
43	ἐμβριμησάμενος	Aor Mid Part Nom Sg Masc ἐμβριμάομαι, *speak harshly, criticise, harshly, be deeply moved*

Write Out Your Translation Below.

⁴⁴ καὶ λέγει αὐτῷ, Ὅρα μηδενὶ μηδὲν εἴπῃς, ἀλλὰ ὕπαγε σεαυτὸν δεῖξον τῷ ἱερεῖ καὶ προσένεγκε περὶ τοῦ καθαρισμοῦ σου ἃ προσέταξεν Μωϋσῆς, εἰς μαρτύριον αὐτοῖς. ⁴⁵ ὁ δὲ ἐξελθὼν ἤρξατο κηρύσσειν πολλὰ καὶ διαφημίζειν τὸν λόγον, ὥστε μηκέτι αὐτὸν δύνασθαι φανερῶς εἰς πόλιν εἰσελθεῖν, ἀλλ᾽ ἔξω ἐπ᾽ ἐρήμοις τόποις ἦν· καὶ ἤρχοντο πρὸς αὐτὸν πάντοθεν.

New Vocabulary and Forms

44	Ὅρα	Pres Act Impv 2nd Sg ὁράω, *see that, make sure*
	μηδενί and μηδέν	Dat Sg Masc and Acc Sg Neut μηδείς, μηδεμία, μηδέν, *nobody, nothing*
	εἴπῃς	2nd Aor Act Subj 2nd Sg λέγω, *you say*
	σεαυτὸν	σεαυτοῦ (no Nom form) Acc Sg Masc 2nd Pers Reflexive Pronoun, *yourself*
	δεῖξον	Aor Act Impv 2nd Sg δείκνυμι, *I show*
	ἱερεῖ	Dat Sg Masc ἱερεύς, έως, ὁ, *priest*
	προσένεγκε	2nd Aor Act Impv 2nd Sg προσφέρω
	καθαρισμοῦ	καθαρισμός, οῦ, ὁ, *purification*
	ἃ	Rel Pronoun, ὅς, ἥ, ὅ, *who, which, what, that*
	προσέταξεν	Aor Act Ind 3rd Sg προστάσσω, *I command, order, prescribe*
	Μωϋσῆς	Indecl Noun, *Moses*
	μαρτύριον	μαρτύριον, ου, τό, *witness, testimony*
45	κηρύσσειν	Pres Act Inf κηρύσσω, *to announce, proclaim*
	πολλά	Acc Pl Neut πολύς, πολλή, πολύ, Gen πολλοῦ, *many, much, great*
	διαφημίζειν	Pres Act Inf διαφημίζω, *I spread the news, spread widely, disseminate; to spread the news*
	ὥστε	*so that, with the result that*
	μηκέτι	Adv. *no longer*
	δύνασθαι	Pres Mid/Pass Inf δύναμαι, *I am able* (with Acc of respect, i.e., αὐτόν = *he*)
	φανερῶς	Adv. *openly, publicly*
	πόλιν	Acc Sg Fem πόλις, εως, ἡ
	εἰσελθεῖν	2nd Aor Act Inf εἰσέρχομαι, *to enter*
	ἔξω	Adv. of place, *outside*
	πάντοθεν	Adv. *from all directions*

Write Out Your Translation Below.

¹ Καὶ εἰσελθὼν πάλιν εἰς Καφαρναοὺμ δι᾽ ἡμερῶν ἠκούσθη ὅτι ἐν οἴκῳ ἐστίν. ² καὶ συνήχθησαν πολλοὶ ὥστε μηκέτι χωρεῖν μηδὲ τὰ πρὸς τὴν θύραν, καὶ ἐλάλει αὐτοῖς τὸν λόγον. ³ καὶ ἔρχονται φέροντες πρὸς αὐτὸν παραλυτικὸν αἰρόμενον ὑπὸ τεσσάρων. ⁴ καὶ μὴ δυνάμενοι προσενέγκαι αὐτῷ διὰ τὸν ὄχλον ἀπεστέγασαν τὴν στέγην ὅπου ἦν, καὶ ἐξορύξαντες χαλῶσι τὸν κράβαττον ὅπου ὁ παραλυτικὸς κατέκειτο.

New Vocabulary and Forms

1	πάλιν	Adv. *again, also*
2	πολλοί	Nom Pl Masc πολύς, πολλή, πολύ, Gen πολλοῦ, *many, much, great*
	ὥστε μηκέτι	see 1:45
	χωρεῖν	Pres Act Inf χωρέω, *I have room for, contain, accommodate*; *so that there was no longer room*
3	παραλυτικόν	παραλυτικός, ή, όν, *paralyzed, lame*
	αἰρόμενον	Pres Mid/Pass Part Acc Sg Masc αἴρω, *being lifted*
	τεσσάρων	τέσσαρες, τέσσαρα, *four*
4	δυνάμενοι	Pres Mid/Pass Part Nom Pl Masc δύναμαι, *I am able*, i.e., *being able*
	προσενέγκαι	Aor Act Inf προσφέρω,
	ἀπεστέγασαν	Aor Act Ind 3rd Pl ἀποστεγάζω, *I remove the roof*
	στέγην	στέγη, ης, ἡ, *roof*
	ὅπου	Particle of place, *where*
	ἐξορύξαντες	ἐξορύσσω, *I dig out, tear out*
	χαλῶσι	Pres Act Ind 3rd Pl χαλάω, *I let down*
	κράβαττον	κράβαττος, ου, ὁ, *mattress, pallet, bed*
	κατέκειτο	Impf Mid Ind 3rd Sg κατάκειμαι, *I lie down*

Write Out Your Translation Below.

⁵ καὶ ἰδὼν ὁ Ἰησοῦς τὴν πίστιν αὐτῶν λέγει τῷ παραλυτικῷ, Τέκνον, ἀφίενταί σου αἱ ἁμαρτίαι.

⁶ ἦσαν δέ τινες τῶν γραμματέων ἐκεῖ καθήμενοι καὶ διαλογιζόμενοι ἐν ταῖς καρδίαις αὐτῶν, ⁷

Τί οὗτος οὕτως λαλεῖ; βλασφημεῖ· τίς δύναται ἀφιέναι ἁμαρτίας εἰ μὴ εἷς ὁ θεός;

New Vocabulary and Forms

5	ἰδών	2nd Aor Act Part Nom Sg Masc ὁράω, *I see*
	πίστιν	Acc Sg Fem πίστις, εως, ἡ, *faith, belief*
	παραλυτικῷ	παραλυτικός, ή, όν, *paralyzed, lame*
	ἀφίενταί	Pres Mid/Pass Ind 3rd Pl ἀφίημι, *I forgive, remit, cancel*
6	τινες	Nom Pl Masc τις, τι Gen τινος, *some, certain*
	γραμματέων	Gen Pl Masc γραμματεύς, έως, ὁ, *expert in the law, scribe, secretary*
	ἐκεῖ	Adv. *there*
	καθήμενοι	Pres Mid/Pass Part Nom Pl Masc κάθημαι, *I sit*
	διαλογιζόμενοι	Pres Mid/Pass Part Nom Pl Masc διαλογίζομαι, *I consider, ponder, discuss, argue*
7	Τί	τίς, τί Gen τίνος, lit. *For what reason? Why?*
	οὕτως	Adv. *thus, in this way*
	βλασφημεῖ	βλασφημέω, *I blaspheme*
	τίς	τίς, τί Gen τίνος, *Who?*
	δύναται	Pres Mid/Pass Ind 3rd Sg δύναμαι, *I am able, can*
	ἀφιέναι	Pres Act Inf ἀφίημι, *I forgive, remit, cancel*
	εἰ μή	*if not, except, unless*
	εἷς	εἷς, μία, ἕν, Gen ἑνός (3rd & 1st Dec Adj.), *one*

Write Out Your Translation Below.

⁸ καὶ εὐθὺς ἐπιγνοὺς ὁ Ἰησοῦς τῷ πνεύματι αὐτοῦ ὅτι οὕτως διαλογίζονται ἐν ἑαυτοῖς λέγει αὐτοῖς, Τί ταῦτα διαλογίζεσθε ἐν ταῖς καρδίαις ὑμῶν; ⁹ τί ἐστιν εὐκοπώτερον, εἰπεῖν τῷ παραλυτικῷ, Ἀφίενταί σου αἱ ἁμαρτίαι, ἢ εἰπεῖν, Ἔγειρε καὶ ἆρον τὸν κράβαττόν σου καὶ περιπάτει;

NEW VOCABULARY AND FORMS

8	ἐπιγνοὺς	Aor Act Part Nom Sg Masc ἐπιγινώσκω, *I understand, know*
	πνεύματι	Dat Sg Neut πνεῦμα, ατος, τό, *spirit, breath*
	οὕτως	Adv. *thus, in this way*
	διαλογίζονται	διαλογίζομαι (Mid lexical form), *I consider, ponder, discuss, argue*
9	Τί	Nom Sg Neut of Interrogative Pronoun τίς, τί Gen τίνος, *What (thing)?*
	εὐκοπώτερον	Nom Sg Neut, comparative Adj. of εὔκοπος, ον, *easy,* i.e., *easier*
	εἰπεῖν	2nd Aor Act Inf λέγω
	Ἀφίενται	Pres Pass Ind 3rd Pl ἀφίημι, *I forgive, remit, cancel*
	ἆρον	Aor Act Impv αἴρω
	κράβαττον	κράβαττος, ου, ὁ, *bed, mattress, pallet*
	περιπάτει	περιπατέω, *I walk*

Write Out Your Translation Below.

¹⁰ ἵνα δὲ εἰδῆτε ὅτι ἐξουσίαν ἔχει ὁ υἱὸς τοῦ ἀνθρώπου ἀφιέναι ἁμαρτίας ἐπὶ τῆς γῆς – λέγει

τῷ παραλυτικῷ, ¹¹ Σοὶ λέγω, ἔγειρε ἆρον τὸν κράβαττόν σου καὶ ὕπαγε εἰς τὸν οἶκόν σου.

¹² καὶ ἠγέρθη καὶ εὐθὺς ἄρας τὸν κράβαττον ἐξῆλθεν ἔμπροσθεν πάντων, ὥστε ἐξίστασθαι

πάντας καὶ δοξάζειν τὸν θεὸν λέγοντας ὅτι Οὕτως οὐδέποτε εἴδομεν.

New Vocabulary and Forms

10	ἵνα	ἵνα + Subj to express purpose, *in order that*
	εἰδῆτε	Perf (Aor meaning) Act Subj 2nd Pl οἶδα, *I know*
	ἀφιέναι	Pres Act Inf ἀφίημι, *I forgive, remit, cancel*
11	ἆρον	Aor Act Impv 2nd Sg αἴρω
	κράβαττον	κράβαττος, ου, ὁ, *bed, mattress, pallet*
12	ἄρας	Aor Act Part Nom Sg Masc αἴρω
	πάντων	Gen Pl Masc πᾶς, πᾶσα, πᾶν Gen παντός, *all, every*
	ἐξίστασθαι	Pres Mid/Pass Inf ἐξίστημι, lit. *to be astonished, amazed, confused*
	πάντας	Acc Pl Masc πᾶς, πᾶσα, πᾶν Gen παντός, *all, every*
	δοξάζειν	Pres Act Inf δοξάζω, *to glorify*
	ὥστε ἐξίστασθαι... καὶ δοξάζειν	*so that they were all amazed . . . and glorified*
	οὐδέποτε	Adv. *never*

Write Out Your Translation Below.

¹³ Καὶ ἐξῆλθεν πάλιν παρὰ τὴν θάλασσαν· καὶ πᾶς ὁ ὄχλος ἤρχετο πρὸς αὐτόν, καὶ ἐδίδασκεν αὐτούς. ¹⁴ καὶ παράγων εἶδεν Λευὶν τὸν τοῦ Ἀλφαίου καθήμενον ἐπὶ τὸ τελώνιον, καὶ λέγει αὐτῷ, Ἀκολούθει μοι. καὶ ἀναστὰς ἠκολούθησεν αὐτῷ. ¹⁵ Καὶ γίνεται κατακεῖσθαι αὐτὸν ἐν τῇ οἰκίᾳ αὐτοῦ, καὶ πολλοὶ τελῶναι καὶ ἁμαρτωλοὶ συνανέκειντο τῷ Ἰησοῦ καὶ τοῖς μαθηταῖς αὐτοῦ· ἦσαν γὰρ πολλοί. καὶ ἠκολούθουν αὐτῷ

New Vocabulary and Forms

13	πάλιν	Adv. *again, also*
	πᾶς	πᾶς, πᾶσα, πᾶν, *all, every, whole*
14	παράγων	παράγω, *I pass by*
	Λευίν	Λευί, ὁ, *Levi*
	τὸν τοῦ	Greek idiom for *the son of*
	Ἀλφαίου	Ἀλφαῖος, ου, ὁ, *Alphaeus*
	καθήμενον	Pres Mid/Pass Part Acc Sg Masc κάθημαι, *sitting*
	τελώνιον	τελώνιον, ου, τό, *revenue* or *tax office*
	ἀναστάς	1st Aor Act Part Nom Sg Masc ἀνίστημι, *I rise up*
15	κατακεῖσθαι	Pres Mid/Pass Inf κατάκειμαι, *lie down, recline, dine*
	πολλοί	Nom Pl Masc Adj. πολύς, πολλή, πολύ, Gen πολλοῦ, *much, many*
	τελῶναι	τελώνης, ου, ὁ, *tax collector*
	συνανέκειντο	Impf Mid/Pass Ind 3rd Pl συνανάκειμαι, *recline at table with, dine with*
	πολλοί	Nom Pl Masc Adj. πολύς, πολλή, πολύ, Gen πολλοῦ, *much, many*

Write Out Your Translation Below.

¹⁶ καὶ οἱ γραμματεῖς τῶν Φαρισαίων, καὶ ἰδόντες ὅτι ἐσθίει μετὰ τῶν ἁμαρτωλῶν καὶ τελωνῶν ἔλεγον τοῖς μαθηταῖς αὐτοῦ, Ὅτι μετὰ τῶν τελωνῶν καὶ ἁμαρτωλῶν ἐσθίει; ¹⁷ καὶ ἀκούσας ὁ Ἰησοῦς λέγει αὐτοῖς [ὅτι] Οὐ χρείαν ἔχουσιν οἱ ἰσχύοντες ἰατροῦ ἀλλ' οἱ κακῶς ἔχοντες· οὐκ ἦλθον καλέσαι δικαίους ἀλλὰ ἁμαρτωλούς.

¹⁸ Καὶ ἦσαν οἱ μαθηταὶ Ἰωάννου καὶ οἱ Φαρισαῖοι νηστεύοντες. καὶ ἔρχονται καὶ λέγουσιν αὐτῷ, Διὰ τί οἱ μαθηταὶ Ἰωάννου καὶ οἱ μαθηταὶ τῶν Φαρισαίων νηστεύουσιν, οἱ δὲ σοὶ μαθηταὶ οὐ νηστεύουσιν;

New Vocabulary and Forms

16	γραμματεῖς	Nom Pl Masc γραμματεύς, έως, ὁ, *scribe, expert in the law*
	ἰδόντες	2nd Aor Act Part Nom Pl Masc ὁράω, *I see*
	Ὅτι	*because*; idiom: *because of what reason*, i.e., *Why?*
	τελωνῶν	τελώνης, ου, ὁ, *tax collector*
17	ἰσχύοντες	ἰσχύω, *I am able, am strong*
	ἰατροῦ	ἰατρός, οῦ, ὁ, *physician, doctor*
	οἱ κακῶς ἔχοντες	lit. the having badly (ones); *those having illness, those being unwell*
18	νηστεύοντες	νηστεύω, *I fast*
	τί	Interrogative (3rd Dec) Pronoun, Neut, *what?*
	σοί	σός, σή, σόν, Possessive Pronoun, *your*

Write Out Your Translation Below.

¹⁹ καὶ εἶπεν αὐτοῖς ὁ Ἰησοῦς, Μὴ δύνανται οἱ υἱοὶ τοῦ νυμφῶνος ἐν ᾧ ὁ νυμφίος μετ᾽ αὐτῶν ἐστιν νηστεύειν; ὅσον χρόνον ἔχουσιν τὸν νυμφίον μετ᾽ αὐτῶν οὐ δύνανται νηστεύειν. ²⁰ ἐλεύσονται δὲ ἡμέραι ὅταν ἀπαρθῇ ἀπ᾽ αὐτῶν ὁ νυμφίος, καὶ τότε νηστεύσουσιν ἐν ἐκείνῃ τῇ ἡμέρᾳ.

New Vocabulary and Forms

19	εἶπεν	2nd Aor Act Ind 3rd Sg λέγω
	Μή	At the beginning of a question to signal that "no" is expected as the answer
	δύνανται	Pres Mid/Pass Ind 3rd Pl δύναμαι, *I am able, can*
	νυμφῶνος	νυμφών, ῶνος, ὁ, *wedding hall, bridal chamber*
	ἐν ᾧ	time at which; *when, while*
	νυμφίος	νυμφίος, ου, ὁ, *bridegroom*
	νηστεύειν	Pres Act Inf νηστεύω, *I fast*, i.e., *to fast*
20	ὅταν	Adv. *when, whenever*
	ἀπαρθῇ	Aor Pass Subj 3rd Sg ἀπαίρω, *I take away*
	ὅταν ἀπαρθῇ	*when he/she/it is taken away*
	τότε	*then, thereafter*

Write Out Your Translation Below.

²¹ οὐδεὶς ἐπίβλημα ῥάκους ἀγνάφου ἐπιράπτει ἐπὶ ἱμάτιον παλαιόν· εἰ δὲ μή, αἴρει τὸ

πλήρωμα ἀπ᾽ αὐτοῦ τὸ καινὸν τοῦ παλαιοῦ, καὶ χεῖρον σχίσμα γίνεται. ²² καὶ οὐδεὶς βάλλει

οἶνον νέον εἰς ἀσκοὺς παλαιούς – εἰ δὲ μή, ῥήξει ὁ οἶνος τοὺς ἀσκούς, καὶ ὁ οἶνος ἀπόλλυται

καὶ οἱ ἀσκοί – ἀλλὰ οἶνον νέον εἰς ἀσκοὺς καινούς.

NEW VOCABULARY AND FORMS

21	οὐδείς	οὐδείς, οὐδεμία, οὐδέν, *no one, nothing*
	ἐπίβλημα	Nom/Acc Sg Neut ἐπίβλημα, ατος, τό, *a patch, piece of cloth*
	ῥάκους	Gen Sg Neut ῥάκος, ους, τό, *tattered garment, rag, piece of cloth, a patch*
	ἀγνάφου	ἄγναφος, ον, *new, unbleached, unshrunken*
	ἐπιράπτει	ἐπιράπτω, *I sew, patch*
	παλαιόν	παλαιός, ά, όν, *old, used*
	εἰ μή	*if not, except, unless, otherwise*
	πλήρωμα	Nom/Acc Sg Neut πλήρωμα, ατος, τό, *complement, supplement, what makes something complete*
	χεῖρον	Nom/Acc Sg Neut χείρων, ον, Gen ονος, *worse, more severe*
	σχίσμα	Nom/Acc Sg Neut σχίσμα, ατος, τό, *tear, crack*
22	νέον	νέος, α, ον, *new, unused*
	ἀσκούς	ἀσκός, οῦ, ὁ, *leather bag, wine skin*
	ῥήξει	ῥήγνυμι (by-form ῥήσσω) fut. ῥήξω, *I burst, break*
	ἀπόλλυται	Pres Mid/Pass Ind 3rd Sg ἀπόλλυμι, *ruin, destroy*; Mid *be destroyed, perish*

Write Out Your Translation Below.

²³ Καὶ ἐγένετο αὐτὸν ἐν τοῖς σάββασιν παραπορεύεσθαι διὰ τῶν σπορίμων, καὶ οἱ μαθηταὶ

αὐτοῦ ἤρξαντο ὁδὸν ποιεῖν τίλλοντες τοὺς στάχυας. ²⁴ καὶ οἱ Φαρισαῖοι ἔλεγον αὐτῷ, Ἴδε τί

ποιοῦσιν τοῖς σάββασιν ὃ οὐκ ἔξεστιν; ²⁵ καὶ λέγει αὐτοῖς, Οὐδέποτε ἀνέγνωτε τί ἐποίησεν

Δαυίδ, ὅτε χρείαν ἔσχεν καὶ ἐπείνασεν αὐτὸς καὶ οἱ μετ' αὐτοῦ;

New Vocabulary and Forms

23	αὐτόν	An Acc of respect, used with infinitives (here, παραπορεύεσθαι); infinitives do not have a Nom subject; may be the "subject" or object of the Inf
	σάββασιν	Dat Plur Neut σάββατον, ου, τό (3rd Dec ending, only in Dat Pl); the Pl may be used for a single Sabbath (BDAG)
	παραπορεύεσθαι	Pres Mid/Pass Inf παραπορεύομαι, *I pass by*, i.e., *to pass by*
	σπορίμων	σπόριμος, ον, *sown*; with article: *standing grain, grain fields*
	ποιεῖν	Pres Act Inf ποιέω, *to make*
	τίλλοντες	τίλλω, *I pluck*
	στάχυας	Acc Pl Masc στάχυς, υος, ὁ, *head of grain, ear*
24	Ἴδε	Impv of εἶδον, but stereotyped as a particle. *Look! See! Take notice! Pay attention!*
	ἔξεστιν	Impersonal verb, *it is right, is authorized, is permitted, is proper*
25	Οὐδέποτε	Adv. *never*
	ἀνέγνωτε	ἀναγινώσκω, *I read*
	τί	τίς, τί Gen τίνος Neuter Indefinite Pronoun, *what*
	ἔσχεν	2nd Aor Act Ind 3rd Sg ἔχω
	ἐπείνασεν	πεινάω, *I am hungry, I hunger*

Write Out Your Translation Below.

²⁶ πῶς εἰσῆλθεν εἰς τὸν οἶκον τοῦ θεοῦ ἐπὶ Ἀβιαθὰρ ἀρχιερέως καὶ τοὺς ἄρτους τῆς προθέσεως ἔφαγεν, οὓς οὐκ ἔξεστιν φαγεῖν εἰ μὴ τοὺς ἱερεῖς, καὶ ἔδωκεν καὶ τοῖς σὺν αὐτῷ οὖσιν; ²⁷ καὶ ἔλεγεν αὐτοῖς, Τὸ σάββατον διὰ τὸν ἄνθρωπον ἐγένετο καὶ οὐχ ὁ ἄνθρωπος διὰ τὸ σάββατον· ²⁸ ὥστε κύριός ἐστιν ὁ υἱὸς τοῦ ἀνθρώπου καὶ τοῦ σαββάτου.

New Vocabulary and Forms

26	πῶς	Particle, *how*
	ἐπί	ἐπί + Gen, *in the time of, during*
	Ἀβιαθάρ	Indecl Noun, *Abiathar*
	ἀρχιερέως	Gen Sg Masc ἀρχιερεύς, έως, ὁ, *high priest, chief priest*
	προθέσεως	Gen Sg Fem πρόθεσις, εως, ἡ, *setting forth, putting out, presentation*
	ἔξεστιν	Impersonal verb, *it is right, is authorized, is permitted, is proper*
	φαγεῖν	2nd Aor Act Inf ἐσθίω
	εἰ μή	*if not, except, unless*
	ἔδωκεν	Aor Act Ind 3rd Sg δίδωμι, *I give*
28	ὥστε	Conj, *so that, therefore*

Write Out Your Translation Below.

Καὶ εἰσῆλθεν πάλιν εἰς τὴν συναγωγήν. καὶ ἦν ἐκεῖ ἄνθρωπος ἐξηραμμένην ἔχων τὴν χεῖρα. [2]

καὶ παρετήρουν αὐτὸν εἰ τοῖς σάββασιν θεραπεύσει αὐτόν, ἵνα κατηγορήσωσιν αὐτοῦ. [3] καὶ

λέγει τῷ ἀνθρώπῳ τῷ τὴν ξηρὰν χεῖρα ἔχοντι, Ἔγειρε εἰς τὸ μέσον.

New Vocabulary and Forms

1	πάλιν	Adv. *again, also*
	ἐξηραμμένην	Perf Mid/Pass Part Acc Sg Fem ξηραίνω, *I wither, stiffen*
2	παρετήρουν	παρατηρέω, *I watch carefully, observe closely*
	κατηγορήσωσιν	κατηγορέω, *I bring charges, accuse, reproach*
3	ξηράν	ξηρός, ά, όν, Adj. *withered, dried up*
	χεῖρα	Acc Sg Fem χείρ, χειρός, ἡ, *hand*

Write Out Your Translation Below.

⁴ καὶ λέγει αὐτοῖς, Ἔξεστιν τοῖς σάββασιν ἀγαθὸν ποιῆσαι ἢ κακοποιῆσαι, ψυχὴν σῶσαι ἢ ἀποκτεῖναι; οἱ δὲ ἐσιώπων. ⁵ καὶ περιβλεψάμενος αὐτοὺς μετ᾽ ὀργῆς, συλλυπούμενος ἐπὶ τῇ πωρώσει τῆς καρδίας αὐτῶν, λέγει τῷ ἀνθρώπῳ, Ἔκτεινον τὴν χεῖρα. καὶ ἐξέτεινεν, καὶ ἀπεκατεστάθη ἡ χεὶρ αὐτοῦ. ⁶ καὶ ἐξελθόντες οἱ Φαρισαῖοι εὐθὺς μετὰ τῶν Ἡρῳδιανῶν συμβούλιον ἐδίδουν κατ᾽ αὐτοῦ ὅπως αὐτὸν ἀπολέσωσιν.

New Vocabulary and Forms

4	Ἔξεστιν	*it is right, is authorized, is permitted, is proper*
	ποιῆσαι	Aor Act Inf ποιέω
	κακοποιῆσαι	Aor Act Inf κακοποιέω, *I do wrong*
	σῶσαι	Aor Act Inf σῴζω
	ἀποκτεῖναι	Aor Act Inf ἀποκτείνω
	ἐσιώπων	Impf Act Ind 3rd Pl σιωπάω, *I keep silent, say nothing*
5	περιβλεψάμενος	περιβλέπω, *I look around at*
	συλλυπούμενος	συλλυπέω, *I hurt, grieve with*
	πωρώσει	Dat Sg Fem πώρωσις, εως, ἡ, *dullness, insensitivity, obstinacy*
	Ἔκτεινον	ἐκτείνω, *I stretch out*
	ἀπεκατεστάθη	1st Aor Pass Ind 3rd Sg ἀποκαθίστημι/ἀποκαθιστάνω, *I restore, reestablish*
6	Ἡρῳδιανῶν	Ἡρῳδιανοί, ῶν, οἱ, *Herodians*, i.e., partisans of Herod the Great and his dynasty
	συμβούλιον	συμβούλιον, ου, τό, *plan, purpose*
	ἐδίδουν	Impf Act Ind 3rd Pl δίδωμι, *I give*
	συμβούλιον ἐδίδουν	*held a consultation*
	ἀπολέσωσιν	Aor Act Subj 3rd Pl ἀπόλλυμι, *I destroy*

Write Out Your Translation Below.

⁷ Καὶ ὁ Ἰησοῦς μετὰ τῶν μαθητῶν αὐτοῦ ἀνεχώρησεν πρὸς τὴν θάλασσαν· καὶ πολὺ πλῆθος ἀπὸ τῆς Γαλιλαίας ἠκολούθησεν· καὶ ἀπὸ τῆς Ἰουδαίας ⁸ καὶ ἀπὸ Ἱεροσολύμων καὶ ἀπὸ τῆς Ἰδουμαίας καὶ πέραν τοῦ Ἰορδάνου καὶ περὶ Τύρον καὶ Σιδῶνα, πλῆθος πολύ, ἀκούοντες ὅσα ἐποίει ἦλθον πρὸς αὐτόν. ⁹ καὶ εἶπεν τοῖς μαθηταῖς αὐτοῦ ἵνα πλοιάριον προσκαρτερῇ αὐτῷ διὰ τὸν ὄχλον ἵνα μὴ θλίβωσιν αὐτόν·

New Vocabulary and Forms

7	ἀνεχώρησεν	ἀναχωρέω, *I go away, return, withdraw, retire*
	πλῆθος	πλῆθος, ους, τό, *large number, multitude*
8	Ἰδουμαίας	Ἰδουμαία, ας, ἡ, *Idumaea*
	πέραν	Adv. of place, *on the other side*
	Τύρον	Τύρος, ου, ἡ, *Tyre*
	Σιδῶνα	Σιδών, ῶνος, ἡ, *Sidon*
	πλῆθος	πλῆθος, ους, τό, *large number, multitude*
9	πλοιάριον	πλοιάριον, ου, τό, *small ship, boat*
	προσκαρτερῇ	προσκαρτερέω, *adhere to, persist in*; a boat "standing ready" for someone
	θλίβωσιν	θλίβω, *I press upon, crowd around*

Write Out Your Translation Below.

¹⁰ πολλοὺς γὰρ ἐθεράπευσεν, ὥστε ἐπιπίπτειν αὐτῷ ἵνα αὐτοῦ ἅψωνται ὅσοι εἶχον μάστιγας.

¹¹ καὶ τὰ πνεύματα τὰ ἀκάθαρτα, ὅταν αὐτὸν ἐθεώρουν, προσέπιπτον αὐτῷ καὶ ἔκραζον λέγοντες ὅτι Σὺ εἶ ὁ υἱὸς τοῦ θεοῦ. ¹² καὶ πολλὰ ἐπετίμα αὐτοῖς ἵνα μὴ αὐτὸν φανερὸν ποιήσωσιν.

New Vocabulary and Forms

10	ὥστε	ὥστε + Inf expresses result; *so that they approached*
	ἐπιπίπτειν	ἐπιπίπτω, *I approach, throw self upon*
	μάστιγας	μάστιξ, ιγος, ἡ, fig. *torment, suffering*; here, *bodily suffering*
11	πνεύματα	Nom/Acc Pl Neut πνεῦμα, ατος, τό, *spirit, breath, Spirit*
	προσέπιπτον	προσπίπτω, *I fall down before* or *at the feet of*
12	ἐπετίμα	Impf Act Ind 3rd Sg ἐπιτιμάω, *I rebuke, reprove, warn*
	φανερόν	φανερός, ά, όν, Adj., *visible, clear, plain, known*

Write Out Your Translation Below.

[13] Καὶ ἀναβαίνει εἰς τὸ ὄρος καὶ προσκαλεῖται οὓς ἤθελεν αὐτός, καὶ ἀπῆλθον πρὸς αὐτόν. [14]

καὶ ἐποίησεν δώδεκα, [οὓς καὶ ἀποστόλους ὠνόμασεν,] ἵνα ὦσιν μετ᾽ αὐτοῦ καὶ ἵνα ἀποστέλλῃ

αὐτοὺς κηρύσσειν [15] καὶ ἔχειν ἐξουσίαν ἐκβάλλειν τὰ δαιμόνια·

New Vocabulary and Forms

13	προσκαλεῖται	προσκαλέω, *I summon, call on, call to myself, invite*
14	ὠνόμασεν	ὀνομάζω, *I name, give a name, call*
	κηρύσσειν	Pres Act Inf κηρύσσω
15	ἔχειν	Pres Act Inf ἔχω
	ἐκβάλλειν	Pres Act Inf ἐκβάλλω

Write Out Your Translation Below.

¹⁶ [καὶ ἐποίησεν τοὺς δώδεκα,] καὶ ἐπέθηκεν ὄνομα τῷ Σίμωνι Πέτρον, ¹⁷ καὶ Ἰάκωβον τὸν τοῦ

Ζεβεδαίου καὶ Ἰωάννην τὸν ἀδελφὸν τοῦ Ἰακώβου, καὶ ἐπέθηκεν αὐτοῖς ὀνόματα Βοανηργές,

ὅ ἐστιν Υἱοὶ Βροντῆς· ¹⁸ καὶ Ἀνδρέαν καὶ Φίλιππον καὶ Βαρθολομαῖον καὶ Μαθθαῖον καὶ

Θωμᾶν καὶ Ἰάκωβον τὸν τοῦ Ἀλφαίου καὶ Θαδδαῖον καὶ Σίμωνα τὸν Καναναῖον ¹⁹ καὶ Ἰούδαν

Ἰσκαριώθ, ὃς καὶ παρέδωκεν αὐτόν.

New Vocabulary and Forms

16	ἐπέθηκεν	Aor Act Ind 3rd Sg ἐπιτίθημι, *I give a name*
17	Βοανηργές	*Boanerges*
	Βροντῆς	βροντή, ῆς, ἡ, *thunder*
18	Βαρθολομαῖον	Βαρθολομαῖος, ου, ὁ, *Bartholomew*
	Μαθθαῖον	Μαθθαῖος, ου, ὁ, *Matthew*
	Θωμᾶν	Θωμᾶς, ᾶ, ὁ, *Thomas*
	Ἀλφαίου	Ἀλφαῖος, ου, ὁ, *Alphaeus*
	Θαδδαῖον	Θαδδαῖος, ου, ὁ, *Thaddaeus*
	Καναναῖον	Καναναῖος, ου, ὁ, *Cananean*
19	Ἰούδαν	Ἰούδας, α, ὁ, *Judas*
	Ἰσκαριώθ	Indecl Noun, *Iscariot*
	παρέδωκεν	Aor Act Ind 3rd Sg παραδίδωμι, *I hand over, betray, pass on*

Write Out Your Translation Below.

²⁰ Καὶ ἔρχεται εἰς οἶκον· καὶ συνέρχεται πάλιν ὄχλος, ὥστε μὴ δύνασθαι αὐτοὺς μηδὲ ἄρτον φαγεῖν. ²¹ καὶ ἀκούσαντες οἱ παρ' αὐτοῦ ἐξῆλθον κρατῆσαι αὐτόν, ἔλεγον γὰρ ὅτι ἐξέστη. ²² καὶ οἱ γραμματεῖς οἱ ἀπὸ Ἱεροσολύμων καταβάντες ἔλεγον ὅτι Βεελζεβοὺλ ἔχει, καὶ ὅτι ἐν τῷ ἄρχοντι τῶν δαιμονίων ἐκβάλλει τὰ δαιμόνια.

New Vocabulary and Forms

20	ὥστε μὴ δύνασθαι αὐτούς;	ὥστε + Inf δύναμαι, *I am able, can; so that they were unable*
	φαγεῖν	2nd Aor Act Inf ἐσθίω
21	κρατῆσαι	Aor Act Inf κρατέω
	ἐξέστη	Aor Act Ind 3rd Sg ἐξίστημι, *I am out of my mind, lost my senses*
22	Βεελζεβούλ	Indecl Noun, *Beelzebul*

Write Out Your Translation Below.

²³ καὶ προσκαλεσάμενος αὐτοὺς ἐν παραβολαῖς ἔλεγεν αὐτοῖς, Πῶς δύναται Σατανᾶς Σατανᾶν

ἐκβάλλειν; ²⁴ καὶ ἐὰν βασιλεία ἐφ᾽ ἑαυτὴν μερισθῇ, οὐ δύναται σταθῆναι ἡ βασιλεία ἐκείνη· ²⁵

καὶ ἐὰν οἰκία ἐφ᾽ ἑαυτὴν μερισθῇ, οὐ δυνήσεται ἡ οἰκία ἐκείνη σταθῆναι. ²⁶ καὶ εἰ ὁ Σατανᾶς

ἀνέστη ἐφ᾽ ἑαυτὸν καὶ ἐμερίσθη, οὐ δύναται στῆναι ἀλλὰ τέλος ἔχει.

New Vocabulary and Forms

23	προσκαλεσάμενος	προσκαλέω, *I summon, call on, call to myself, invite*
	Πῶς	Particle, *how, in what way*
	δύναται	Pres Mid/Pass Ind 3rd Sg δύναμαι, *I am able, can*
	ἐκβάλλειν	Pres Act Inf ἐκβάλλω
24	μερισθῇ	μερίζω, *I divide*
	σταθῆναι	Aor Pass Inf ἵστημι (Intrans), *I stand, stand firm*
25	δυνήσεται	Fut Mid Ind 3rd Sg δύναμαι, *I am able, can*
26	ἀνέστη	Aor Act Ind 3rd Sg ἀνίστημι *I rise, stand, get up*
	ἐμερίσθη	μερίζω, *I divide*
	στῆναι	Aor Act Inf (Intrans) ἵστημι, *I stand*

Write Out Your Translation Below.

²⁷ ἀλλ᾽ οὐ δύναται οὐδεὶς εἰς τὴν οἰκίαν τοῦ ἰσχυροῦ εἰσελθὼν τὰ σκεύη αὐτοῦ διαρπάσαι ἐὰν μὴ πρῶτον τὸν ἰσχυρὸν δήσῃ, καὶ τότε τὴν οἰκίαν αὐτοῦ διαρπάσει. ²⁸ Ἀμὴν λέγω ὑμῖν ὅτι πάντα ἀφεθήσεται τοῖς υἱοῖς τῶν ἀνθρώπων, τὰ ἁμαρτήματα καὶ αἱ βλασφημίαι ὅσα ἐὰν βλασφημήσωσιν· ²⁹ ὃς δ᾽ ἂν βλασφημήσῃ εἰς τὸ πνεῦμα τὸ ἅγιον οὐκ ἔχει ἄφεσιν εἰς τὸν αἰῶνα, ἀλλὰ ἔνοχός ἐστιν αἰωνίου ἁμαρτήματος —³⁰ ὅτι ἔλεγον, Πνεῦμα ἀκάθαρτον ἔχει.

New Vocabulary and Forms

27	σκεύη	σκεῦος, ους, τό, *thing, vessel, object*
	διαρπάσαι	Aor Act Inf διαρπάζω, *plunder, rob*
28	ἀφεθήσεται	Fut Pass Ind 3rd Sg ἀφίημι, *I forgive, remit, cancel*
	ἁμαρτήματα	ἁμάρτημα, τος, τό, *sin, transgression*
	βλασφημίαι	βλασφημία, ας, ἡ, *slander, defamation, blasphemy*
	βλασφημήσωσιν	βλασφημέω, *I blaspheme*
29	ἔνοχος	ἔνοχος, ον, *liable, answerable, guilty*

Write Out Your Translation Below.

³¹ Καὶ ἔρχεται ἡ μήτηρ αὐτοῦ καὶ οἱ ἀδελφοὶ αὐτοῦ καὶ ἔξω στήκοντες ἀπέστειλαν πρὸς αὐτὸν καλοῦντες αὐτόν. ³² καὶ ἐκάθητο περὶ αὐτὸν ὄχλος, καὶ λέγουσιν αὐτῷ, Ἰδοὺ ἡ μήτηρ σου καὶ οἱ ἀδελφοί σου ἔξω ζητοῦσίν σε.

New Vocabulary and Forms

31	στήκοντες	στήκω, *I stand firm*
32	ἐκάθητο	Impf Mid/Pass Ind 3rd Sg κάθημαι
	Ἰδού	Dem Particle, *look, see, behold*

Write Out Your Translation Below.

³³ καὶ ἀποκριθεὶς αὐτοῖς λέγει, Τίς ἐστιν ἡ μήτηρ μου καὶ οἱ ἀδελφοί [μου]; ³⁴ καὶ περιβλεψάμενος τοὺς περὶ αὐτὸν κύκλῳ καθημένους λέγει, Ἴδε ἡ μήτηρ μου καὶ οἱ ἀδελφοί μου. ³⁵ ὃς [γὰρ] ἂν ποιήσῃ τὸ θέλημα τοῦ θεοῦ, οὗτος ἀδελφός μου καὶ ἀδελφὴ καὶ μήτηρ ἐστίν.

New Vocabulary and Forms

34	περιβλεψάμενος	περιβλέπω, *I look around, look for, hunt*
	κύκλῳ	Dat Sg fixed as Adv., *around, all around*

Write Out Your Translation Below.

¹ Καὶ πάλιν ἤρξατο διδάσκειν παρὰ τὴν θάλασσαν. καὶ συνάγεται πρὸς αὐτὸν ὄχλος πλεῖστος, ὥστε αὐτὸν εἰς πλοῖον ἐμβάντα καθῆσθαι ἐν τῇ θαλάσσῃ, καὶ πᾶς ὁ ὄχλος πρὸς τὴν θάλασσαν ἐπὶ τῆς γῆς ἦσαν. ² καὶ ἐδίδασκεν αὐτοὺς ἐν παραβολαῖς πολλά, καὶ ἔλεγεν αὐτοῖς ἐν τῇ διδαχῇ αὐτοῦ, ³ Ἀκούετε. ἰδοὺ ἐξῆλθεν ὁ σπείρων σπεῖραι.

New Vocabulary and Forms

1	πλεῖστος	Superlative of πολύς, πολλή, πολύ, *much*
	ἐμβάντα	ἐμβαίνω, *I go in, step in, embark*

Write Out Your Translation Below.

⁴ καὶ ἐγένετο ἐν τῷ σπείρειν ὃ μὲν ἔπεσεν παρὰ τὴν ὁδόν, καὶ ἦλθεν τὰ πετεινὰ καὶ κατέφαγεν αὐτό. ⁵ καὶ ἄλλο ἔπεσεν ἐπὶ τὸ πετρῶδες ὅπου οὐκ εἶχεν γῆν πολλήν, καὶ εὐθὺς ἐξανέτειλεν διὰ τὸ μὴ ἔχειν βάθος γῆς· ⁶ καὶ ὅτε ἀνέτειλεν ὁ ἥλιος ἐκαυματίσθη, καὶ διὰ τὸ μὴ ἔχειν ῥίζαν ἐξηράνθη.

New Vocabulary and Forms

4	πετεινά	πετεινόν, οῦ, τό, *bird*
	κατέφαγεν	κατεσθίω, *I eat up, consume, devour, swallow*
5	ἔπεσεν	Aor Act Ind 3rd Sg πίπτω, *I fall*
	πετρῶδες	πετρώδης, ες, *rocky, stony, rocky ground*
	ὅπου	Adv. *where*
	ἐξανέτειλεν	ἐξανατέλλω, *I spring up*
	βάθος	βάθος, ους, τό, *depth*
6	ἀνέτειλεν	ἀνατέλλω, Trans, *cause to spring up, rise*; Intrans, *spring up, rise*
	ἐκαυματίσθη	καυματίζω, *I burn, scorch*
	ῥίζαν	ῥίζα, ης, ἡ, *root*
	ἐξηράνθη	ξηραίνω, *I dry out*

Write Out Your Translation Below.

⁷ καὶ ἄλλο ἔπεσεν εἰς τὰς ἀκάνθας, καὶ ἀνέβησαν αἱ ἄκανθαι καὶ συνέπνιξαν αὐτό, καὶ καρπὸν οὐκ ἔδωκεν. ⁸ καὶ ἄλλα ἔπεσεν εἰς τὴν γῆν τὴν καλήν, καὶ ἐδίδου καρπὸν ἀναβαίνοντα καὶ αὐξανόμενα, καὶ ἔφερεν ἓν τριάκοντα καὶ ἓν ἑξήκοντα καὶ ἓν ἑκατόν. ⁹ καὶ ἔλεγεν, Ὃς ἔχει ὦτα ἀκούειν ἀκουέτω.

New Vocabulary and Forms

7	ἔπεσεν	Aor Act Ind 3rd Sg πίπτω, *I fell*
	ἀκάνθας	ἄκανθα, ης, ἡ, *thorn plant*
	συνέπνιξαν	συμπνίγω, *I choke, crowd around, crush*
	ἔδωκεν	Aor Act Ind 3rd Sg δίδωμι, *I give*
8	ἐδίδου	Impf Act Ind 3rd Sg δίδωμι, *I give*
	αὐξανόμενα	αὐξάνω, *I grow, increase, cause to grow*
	τριάκοντα	Indecl, *thirty*
	ἑξήκοντα	Indecl, *sixty*

Write Out Your Translation Below.

¹⁰ Καὶ ὅτε ἐγένετο κατὰ μόνας, ἠρώτων αὐτὸν οἱ περὶ αὐτὸν σὺν τοῖς δώδεκα τὰς παραβολάς.

¹¹ καὶ ἔλεγεν αὐτοῖς, Ὑμῖν τὸ μυστήριον δέδοται τῆς βασιλείας τοῦ θεοῦ· ἐκείνοις δὲ τοῖς ἔξω

ἐν παραβολαῖς τὰ πάντα γίνεται, ¹² ἵνα βλέποντες βλέπωσιν καὶ μὴ ἴδωσιν, καὶ ἀκούοντες

ἀκούωσιν καὶ μὴ συνιῶσιν, μήποτε ἐπιστρέψωσιν καὶ ἀφεθῇ αὐτοῖς. ¹³ Καὶ λέγει αὐτοῖς, Οὐκ

οἴδατε τὴν παραβολὴν ταύτην, καὶ πῶς πάσας τὰς παραβολὰς γνώσεσθε;

New Vocabulary and Forms

10	κατὰ μόνας	*alone, be alone*
11	μυστήριον	μυστήριον, ου, τό, *secret, mystery*
	δέδοται	Perf Pass Ind 3rd Sg δίδωμι, *I give*
12	συνιῶσιν	Pres Act Subj 3rd Pl συνίημι, *I understand, comprehend*
	μήποτε	with Aor Subj, *(In order) that . . . not, lest*
	ἐπιστρέψωσιν	ἐπιστρέφω, *I turn, turn back, return*
	ἀφεθῇ	Aor Pass Subj 3rd Sg ἀφίημι, *I leave, forgive, remit, cancel*
13	πῶς	Adv. *how, in what way*

Write Out Your Translation Below.

¹⁴ ὁ σπείρων τὸν λόγον σπείρει. ¹⁵ οὗτοι δέ εἰσιν οἱ παρὰ τὴν ὁδὸν ὅπου σπείρεται ὁ λόγος,

καὶ ὅταν ἀκούσωσιν εὐθὺς ἔρχεται ὁ Σατανᾶς καὶ αἴρει τὸν λόγον τὸν ἐσπαρμένον εἰς αὐτούς.

¹⁶ καὶ οὗτοί εἰσιν οἱ ἐπὶ τὰ πετρώδη σπειρόμενοι, οἳ ὅταν ἀκούσωσιν τὸν λόγον εὐθὺς μετὰ

χαρᾶς λαμβάνουσιν αὐτόν, ¹⁷ καὶ οὐκ ἔχουσιν ῥίζαν ἐν ἑαυτοῖς ἀλλὰ πρόσκαιροί εἰσιν· εἶτα

γενομένης θλίψεως ἢ διωγμοῦ διὰ τὸν λόγον εὐθὺς σκανδαλίζονται.

New Vocabulary and Forms

15	ἐσπαρμένον	Perf Mid/Pass Part Acc Sg Masc σπείρω
16	πετρώδη	πετρώδης, ες, *rocky, stony*
17	ῥίζαν	ῥίζα, ης, ἡ, *root, shoot*
	πρόσκαιροι	πρόσκαιρος, ον, *temporary, transitory, fleeting*
	εἶτα	Adv. *then, next*
	διωγμοῦ	διωγμός , οῦ, ὁ, *persecution*
	σκανδαλίζονται	σκανδαλίζω, *I cause to stumble, fall, lead into sin*

Write Out Your Translation Below.

^{18} καὶ ἄλλοι εἰσὶν οἱ εἰς τὰς ἀκάνθας σπειρόμενοι· οὗτοί εἰσιν οἱ τὸν λόγον ἀκούσαντες,

^{19} καὶ αἱ μέριμναι τοῦ αἰῶνος καὶ ἡ ἀπάτη τοῦ πλούτου καὶ αἱ περὶ τὰ λοιπὰ ἐπιθυμίαι

εἰσπορευόμεναι συμπνίγουσιν τὸν λόγον, καὶ ἄκαρπος γίνεται. ^{20} καὶ ἐκεῖνοί εἰσιν οἱ ἐπὶ τὴν

γῆν τὴν καλὴν σπαρέντες, οἵτινες ἀκούουσιν τὸν λόγον καὶ παραδέχονται καὶ καρποφοροῦσιν

ἓν τριάκοντα καὶ ἓν ἑξήκοντα καὶ ἓν ἑκατόν.

New Vocabulary and Forms

18	ἀκάνθας	ἄκανθα, ης, ἡ, *thorn*, *plant*
19	μέριμναι	μέριμνα, ης, ἡ, *care, concern, anxiety*
	ἀπάτη	ἀπάτη, ης ἡ, *deception, deceitfulness, pleasure*
	πλούτου	πλοῦτος, ου, ὁ, *wealth, abundance*
	λοιπά	λοιπός, ή, όν, *remaining, left, other, rest of*
	συμπνίγουσιν	συμπνίγω, *I choke, crowd around, crush*
	ἄκαρπος	ἄκαρπος, ον, *barren, fruitless, unfruitful*
20	παραδέχονται	παραδέχομαι, *I accept, receive, welcome, recognise*
	καρποφοροῦσιν	καρποφορέω, *I bear fruit, be productive*
	τριάκοντα	Indecl, *thirty*
	ἑξήκοντα	Indecl, *sixty*

Write Out Your Translation Below.

²¹ Καὶ ἔλεγεν αὐτοῖς, Μήτι ἔρχεται ὁ λύχνος ἵνα ὑπὸ τὸν μόδιον τεθῇ ἢ ὑπὸ τὴν κλίνην;

οὐχ ἵνα ἐπὶ τὴν λυχνίαν τεθῇ; ²² οὐ γάρ ἐστιν κρυπτὸν ἐὰν μὴ ἵνα φανερωθῇ, οὐδὲ ἐγένετο

ἀπόκρυφον ἀλλ᾽ ἵνα ἔλθῃ εἰς φανερόν.

New Vocabulary and Forms

21	λύχνος	λύχνος, ου, ὁ, *lamp*
	μόδιον	μόδιος, ίου, ὁ, *basket, bucket*
	κλίνην	κλίνη, ης, ἡ, *bed, couch, stretcher, sickbed*
22	κρυπτόν	κρυπτός, ή, όν, *secret, hidden, private*
	ἀπόκρυφον	ἀπόκρυφος, ον, *secret, stored away*
	φανερόν	φανερός, ά, όν, *visible, clear, evident*

Write Out Your Translation Below.

²³ εἴ τις ἔχει ὦτα ἀκούειν ἀκουέτω. ²⁴ Καὶ ἔλεγεν αὐτοῖς, Βλέπετε τί ἀκούετε. ἐν ᾧ μέτρῳ μετρεῖτε μετρηθήσεται ὑμῖν καὶ προστεθήσεται ὑμῖν. ²⁵ ὃς γὰρ ἔχει, δοθήσεται αὐτῷ· καὶ ὃς οὐκ ἔχει, καὶ ὃ ἔχει ἀρθήσεται ἀπ᾽ αὐτοῦ.

New Vocabulary and Forms

24	μέτρῳ	μέτρον, ου, τό, *measure, degree, quantity*
	μετρεῖτε	μετρέω, *I measure, deal out*
	προστεθήσεται	προστίθημι, *I add, add to, increase*

Write Out Your Translation Below.

²⁶ Καὶ ἔλεγεν, Οὕτως ἐστὶν ἡ βασιλεία τοῦ θεοῦ ὡς ἄνθρωπος βάλῃ τὸν σπόρον ἐπὶ τῆς γῆς

²⁷ καὶ καθεύδῃ καὶ ἐγείρηται νύκτα καὶ ἡμέραν, καὶ ὁ σπόρος βλαστᾷ καὶ μηκύνηται ὡς οὐκ

οἶδεν αὐτός. ²⁸ αὐτομάτη ἡ γῆ καρποφορεῖ, πρῶτον χόρτον, εἶτεν στάχυν, εἶτεν πλήρη σῖτον

ἐν τῷ στάχυϊ. ²⁹ ὅταν δὲ παραδοῖ ὁ καρπός, εὐθὺς ἀποστέλλει τὸ δρέπανον, ὅτι παρέστηκεν

ὁ θερισμός.

New Vocabulary and Forms

26	σπόρον	σπόρος, ου, ὁ, *sowing, seed*
27	καθεύδῃ	καθεύδω, *I sleep*
	βλαστᾷ	βλαστά(ν)ω, *I produce* (Trans); *I bud, sprout* (Intrans)
	μηκύνηται	μηκύνω, *I make long, lengthen*; Mid, *I become long, grow*
28	αὐτομάτη	αὐτόματος, η, ον, *by itself, without help*
	καρποφορεῖ	καρποφορέω, *I bear fruit*
	χόρτον	χόρτος, ου, ὁ, *grass, hay*
	εἶτεν	Adv.; variant form of εἶτα, *then, next*
	στάχυν	στάχυς, υος, ὁ, *head* or *ear (of grain)*
	σῖτον	σῖτος, ου, ὁ, *wheat, grain*
29	δρέπανον	δρέπανον, ου, τό, *sickle*
	θερισμός	θερισμός, οῦ, ὁ, *harvest*

Write Out Your Translation Below.

³⁰ Καὶ ἔλεγεν, Πῶς ὁμοιώσωμεν τὴν βασιλείαν τοῦ θεοῦ, ἢ ἐν τίνι αὐτὴν παραβολῇ θῶμεν;

³¹ ὡς κόκκῳ σινάπεως, ὃς ὅταν σπαρῇ ἐπὶ τῆς γῆς, μικρότερον ὂν πάντων τῶν σπερμάτων

τῶν ἐπὶ τῆς γῆς, ³² καὶ ὅταν σπαρῇ, ἀναβαίνει καὶ γίνεται μεῖζον πάντων τῶν λαχάνων

καὶ ποιεῖ κλάδους μεγάλους, ὥστε δύνασθαι ὑπὸ τὴν σκιὰν αὐτοῦ τὰ πετεινὰ τοῦ οὐρανοῦ

κατασκηνοῦν.

New Vocabulary and Forms

30	ὁμοιώσωμεν	ὁμοιόω, *I compare, make like*
31	κόκκῳ	κόκκος, ου, ὁ, *seed, grain*
	σινάπεως	σίναπι, εως, τό, *mustard*
32	λαχάνων	λάχανον, ου, τό, *vegetable, edible garden herb*
	κλάδους	κλάδος, ου, ὁ, *branch*
	σκιὰν	σκιά, ᾶς, ἡ, *shade, shadow, foreshadowing*
	πετεινά	πετεινόν, οῦ, τό, *bird*
	κατασκηνοῦν	κατασκηνόω, *I cause to dwell* (Trans); *I live, settle* (Intrans)

Write Out Your Translation Below.

³³ Καὶ τοιαύταις παραβολαῖς πολλαῖς ἐλάλει αὐτοῖς τὸν λόγον, καθὼς ἠδύναντο ἀκούειν·

³⁴ χωρὶς δὲ παραβολῆς οὐκ ἐλάλει αὐτοῖς, κατ' ἰδίαν δὲ τοῖς ἰδίοις μαθηταῖς ἐπέλυεν πάντα.

New Vocabulary and Forms

| 34 | ἰδίαν | ἴδιος, ία, ον, *one's own, own, associates, relations* |
| | ἐπέλυεν | ἐπιλύω, *I explain, interpret, decide* |

Write Out Your Translation Below.

Reading Biblical Greek Video Lectures

An Introduction for Students

Constantine R. Campbell

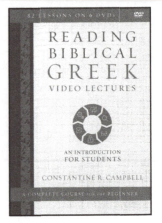

Reading Biblical Greek Video Lectures accompanies *Reading Biblical Greek: A Grammar for Students*. Consisting of 83 micro-lessons of up to 10 minutes each, the lectures present the information in small, digestible chunks. Each micro-lesson addresses a single point, allowing the instructor or student to pace the material based on its difficulty and the student's ability.

Reading Biblical Greek is designed to optimize the learning experience around three core elements: grammar, vocabulary, and reading and translation. It introduces first-year Greek students to essential information—no more and no less—optimizing their grasp of the fundamentals of the Greek language and enabling them to read and translate the Greek of the New Testament as soon as possible.

Informed by the latest and best of Greek and linguistic scholarship that enables students to move seamlessly to further study, *Reading Biblical Greek Video Lectures* can readily be used for learning the language by individuals on their own or as part of a flipped classroom.

Available in stores and online!

Advances in the Study of Greek

New Insights for Reading the New Testament

Constantine R. Campbell

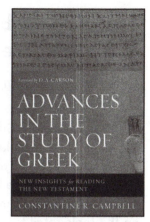

Advances in the Study of Greek offers an introduction to issues of interest in the current world of Greek scholarship. With chapters on a wide range of current issues including linguistic theories, lexical semantics, deponency and the middle voice, discourse analysis, and more Campbell carefully explains these recent advances (and the debates surrounding them) for the study of the Greek New Testament.

Those within Greek scholarship will welcome this book as a tool that puts students, pastors, professors, and commentators firmly in touch with what is going on in Greek studies. Those outside Greek scholarship will warmly receive *Advances in the Study of Greek* as a resource to get themselves up to speed in Greek studies. Free of technical linguistic jargon, the scholarship contained within is highly accessible to outsiders.

Advances in the Study of Greek provides an accessible introduction for students, pastors, professors, and commentators to understand the current issues of interest in this period of paradigm shift.

Available in stores and online!

Basics of Verbal Aspect in Biblical Greek

Constantine R. Campbell

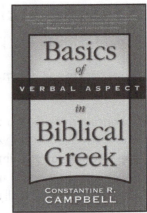

Verbal aspect in the Greek language has been a topic of significant debate in recent scholarship. The majority of scholars now believe that an understanding of verbal aspect is even more important than verb tense (past, present, etc.). Until now, however, there have been no accessible textbooks, both in terms of level and price (most titles on the topic retail for more than a hundred dollars). In this book, Constantine Campbell investigates the function of verbal aspect within the New Testament Greek narrative. He has done a marvelous job in this book of simplifying the concept without getting caught up using terms of linguistics that no one except those schooled in that field can understand. The book includes exercises, an answer key, a glossary of key concepts, an appendix covering space and time, and an index to Scripture cited. Professors and students at both the undergraduate and graduate levels will use this as a supplemental text in both beginning and advanced Greek courses. Pastors that study the Greek text will also appreciate this resource as a supplement to their preaching and teaching.

Available in stores and online!

Keep Your Greek
Strategies for Busy People

Constantine R. Campbell

Seminarians spend countless hours mastering biblical languages and learning how the knowledge of them illuminates the reading, under-standing, and application of Scripture. But while excellent language acquisition resources abound, few really teach students how to main-tain their use of Greek for the long term. Consequently, pastors and other former Greek students find that under the pressures of work, ministry, preaching, and life, their hard-earned Greek skills begin to disappear.

Con Campbell has been counseling one-time Greek students for years, teaching them how to keep their language facility for the benefit of those to whom they minister and teach. He shows how following the right principles makes it possible for many to retain—and in some cases regain—their Greek language skills.

Pastors will find *Keep Your Greek* an encouraging and practical guide to strengthening their Greek abilities so that they can make linguistic insights a regular part of their study and teach-ing. Current students will learn how to build skills that will serve them well once they complete their formal language instruction.

Paul and Union with Christ

An Exegetical and Theological Study

Constantine R. Campbell

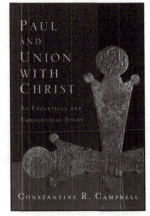

Paul and Union with Christ fills the gap for biblical scholars, theologians, and pastors pondering and debating the meaning of union with Christ.

Following a selective survey of the scholarly work on union with Christ through the twentieth century to the present day, scholar Constantine Campbell carefully examines every occurrence of the phrases "in Christ," "with Christ," "through Christ," "into Christ," and other related expressions, exegeting each passage in context and taking into account the unique lexical contribution of each Greek preposition. Campbell then builds a holistic portrayal of Paul's thinking and engages contemporary theological discussion about union with Christ by employing his evidence-based understanding of the theme.

This volume combines high-level scholarship and a concern for practical application of a topic currently debated in the academy and the church. More than a monograph, this book is a helpful reference tool for students, scholars, and pastors to consult its treatment of any particular instance of any phrase or metaphor that relates to union with Christ in the Pauline corpus.

1, 2 & 3 John

Constantine R. Campbell

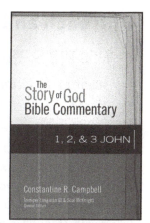

A new commentary for today's world, The Story of God Bible Commentary explains and illuminates each passage of Scripture in light of the Bible's grand story. The first commentary series to do so, SGBC offers a clear and compelling exposition of biblical texts, guiding readers in how to creatively and faithfully live out the Bible in their own contexts. Its story-centric approach is ideal for pastors, students, Sunday school teachers, and all who want to understand the Bible in today's world.

SGBC is organized into three easy-to-use sections, designed to help readers live out God's story: Listen to the Story; Explain the Story; and Live the Story.

Available in stores and online!

Outreach and the Artist

Sharing the Gospel with the Arts

Constantine R. Campbell

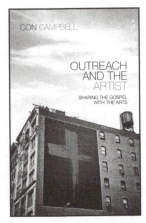

Whether you are an artist whose talents are an untapped source of energy for your church or a ministry leader wanting to involve artists and the creative arts in your outreach efforts, *Outreach and the Artist* will renew your vision. Musician and biblical scholar Con Campbell offers encouragement, wisdom, and practical tips for evangelism *with*, *through*, and *to* the arts:

Evangelism with the Arts. While the abilities of Christian artists may serve the church internally, artists within the church usually have enormous untapped potential for outreach.

Evangelism through the Arts. People's natural love for various artistic mediums provides a connection point to exploring life's big questions with unbelievers in nonthreatening and engaging ways.

Evangelism to the Arts. Christian artists are uniquely positioned to make an impact in artistic networks, which often have no Christian witness or presence and tend to be shut off from conventional methods of outreach.

Spreading the gospel is a task worth every God-given resource we have, and artists and their creative gifts are no exception.

Available in stores and online!